Hace unos dias vi al Camaron-Ron,
estaba muy content

Habia porfin descubierto
la fecha de nacimiento de nuestro amigo
el viejo Pulpo del arrecife.

Ahora podriamos celebrar su cumpleaños.
Decidimos preparar una fiesta
y llamamos a Lar, el Calamar, pero ...
¿qué regalar?

Como todo lo que flota le entusiasma
con solo un poco de papel
y con la ayuda de la papiroflexia
podremos construir
unos barcos que
le harán mucha ilusión ...

Lar, el Calamar, decidió hacer un barco con cabina de mando.
Con él, nuestro amigo surcará los mares y visitará lugares desconocidos.

Para construirlo cogemos una hoja de papel rectangular...

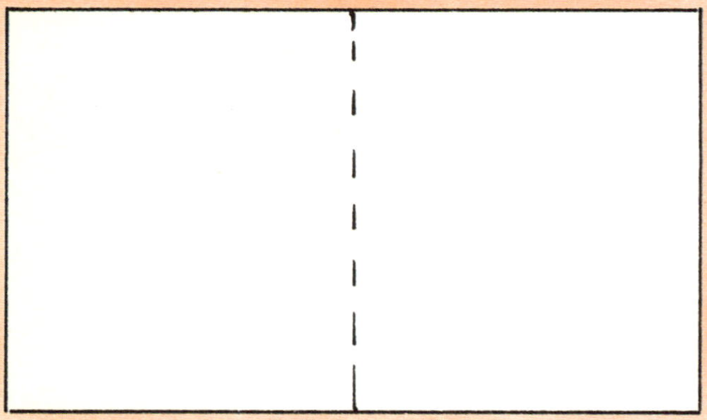

...la doblamos primero por esta mitad...

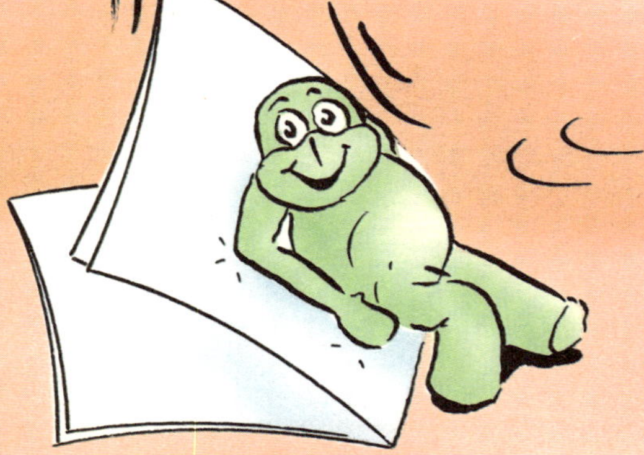

...y luego por la otra.

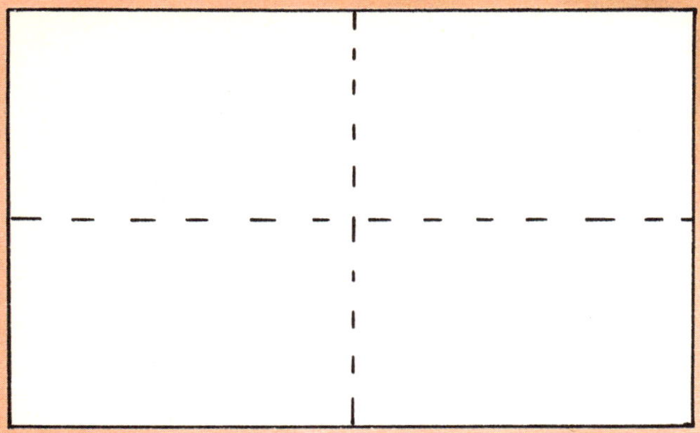

Ahora, siguiendo la linea del esquema, doblamos esta esquina hacia abajo.

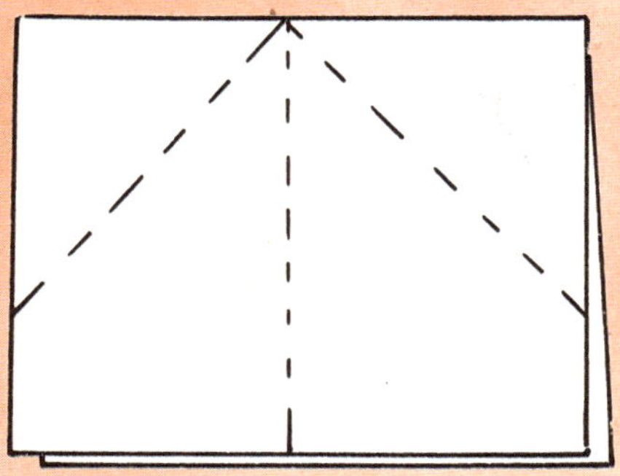

Recuerda planchar bien los pliegues, es muy importante para conseguir un sólido barco.

Hacemos lo mismo con la otra esquina,

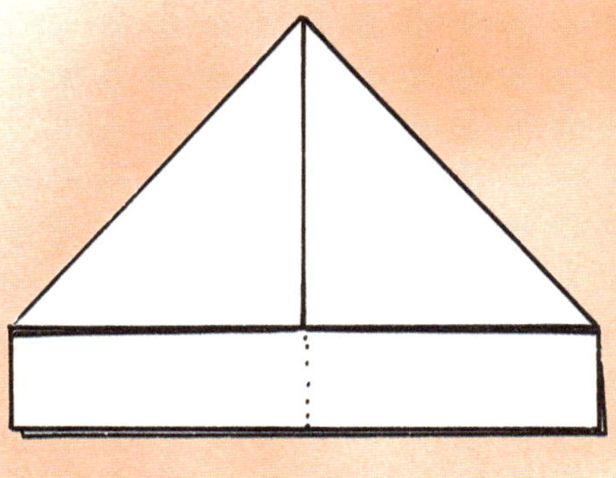

cuidando siempre que todos los pliegues sean exactos y rectos.

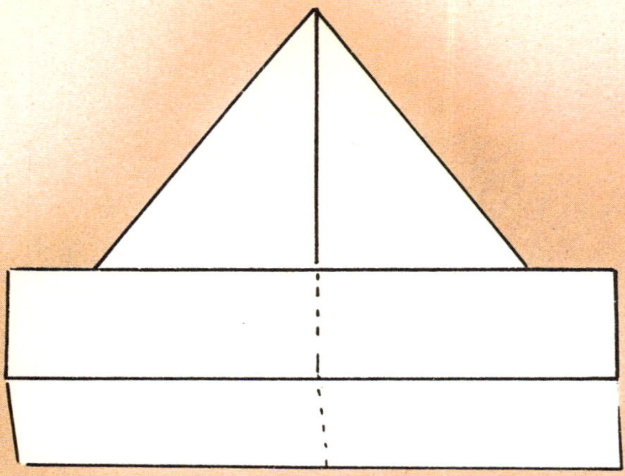

Doblamos el borde inferior de este lado hacia arriba ...

... damos la vuelta a la figura ...

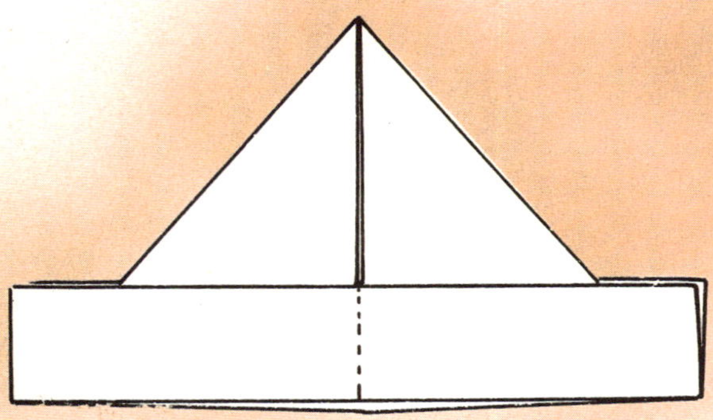

... y repetimos la operación con el otro lado.

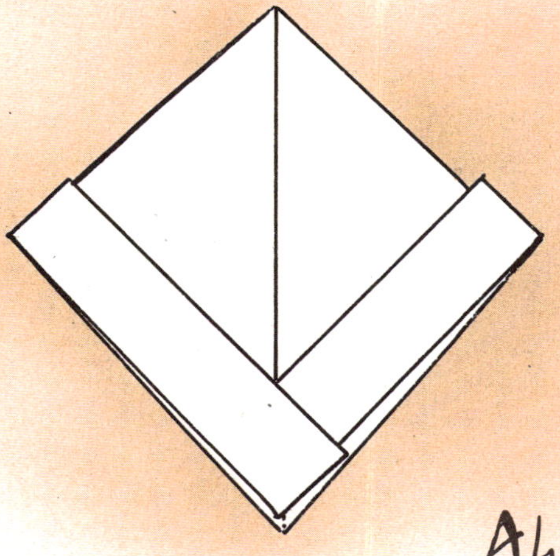

Abrimos así la figura ...

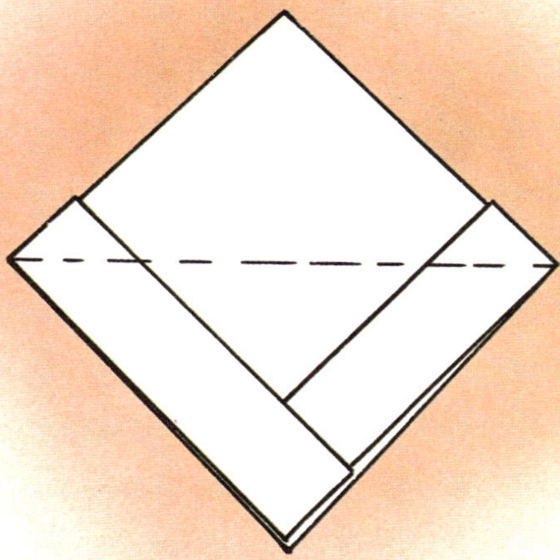

... doblamos esta punta hacia arriba,

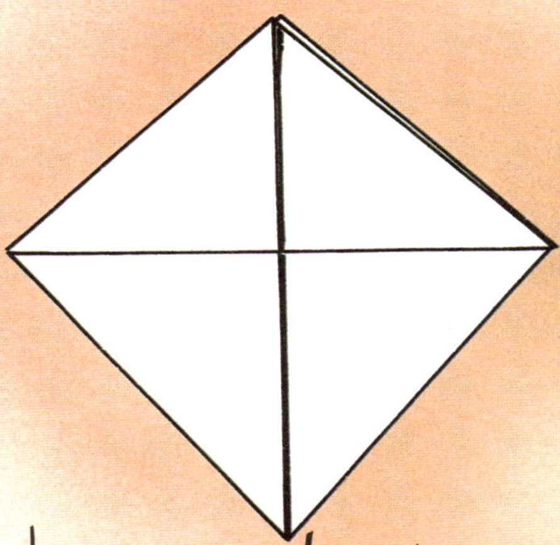

y hacemos lo mismo con la del otro lado.

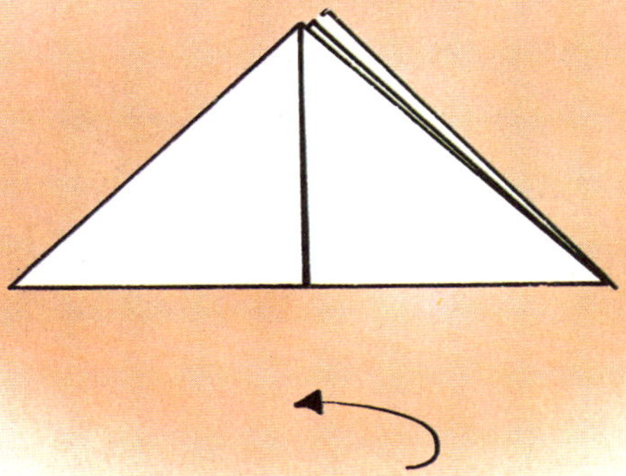

Volvemos a abrir la figura ...

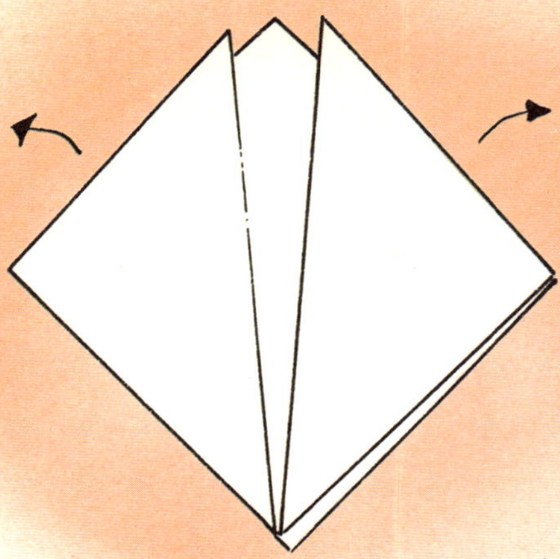

...y tiramos de ambas puntas siguiendo la dirección de las flechas del esquema.

¡¡Ya está listo nuestro barco!!

Con un barco como este
se hizo a la mar
el "Capitán Malapata"
pero cerca de la
costa de Porto Príncipe se desencadenó una tempestad que
hizo que el barco chocara contra los arrecifes perdiendo

así la proa...

El oleaje era tan fuerte...

...que rompió también la popa...

...y al final
perdió hasta el mástil...

Si abres tu figura verás que de tan desastroso viaje...

...sólo quedó la camiseta del grumete.

El Camarón-Ron quiere construir una pequeña barca de pesca. Con ella, nuestro viejo amigo se procurará alimentos...

...y además podrá pasear.

Hace tiempo que se queja de que sus tentáculos se cansan ya fácilmente.

Ahora podrá ir tan lejos como quiera.

Para hacer la barca usaremos una hoja de papel rectangular,

la doblamos por la mitad, alisando bien el pliegue.

Cogemos esta esquina y la doblamos
siguiendo la línea del esquema.

Hacemos lo mismo con la otra.

Doblamos el borde inferior hacia arriba,

damos la vuelta a la figura...

...y hacemos lo mismo en el otro lado.

Ahora debemos doblar las puntas inferiores hacia arriba siguiendo la línea del esquema.

¡Eso es! Primero una...

...y luego la otra.

Cuidando de que los picos que sobresalen entren uno en el otro, doblamos esta esquina hacia arriba.

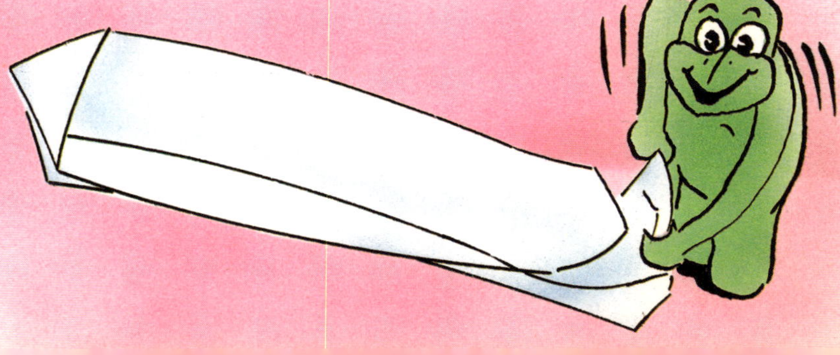

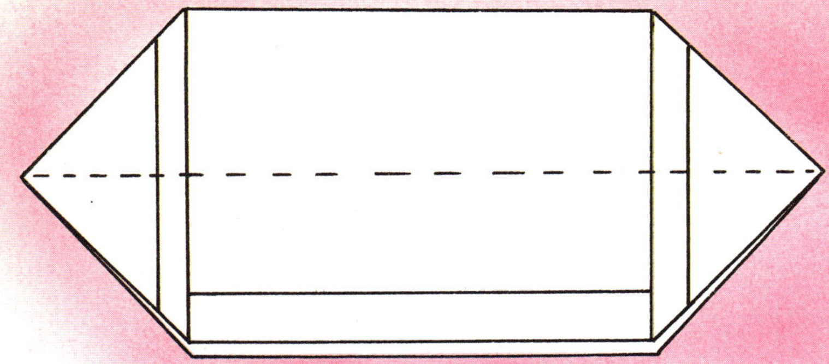

Repetimos la operación por el otro lado:
"dentro los picos,
esquina hacia arriba".
¡Muy bien!

Plegamos el borde inferior de esta cara
hacia arriba como se ve en el esquema...

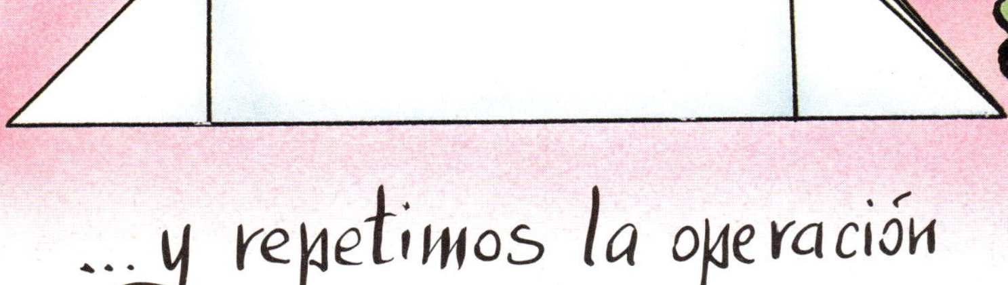

...y repetimos la operación
en la otra cara.

Cogemos las puntas del interior
de la figura
y tiramos hacia afuera.

Empujamos esta parte hacia abajo...

... dando así forma
a la quilla ... y ...

¡A remar!

El viejo Pulpo sabe mil historias
y una de ella me gusta especialmente.

"Cuenta que los barqueros de Venecia
saben andar por encima del agua
porque tienen los pies palmeados.
Conocen perfectamente esta mágica ciudad y nadie
puede competir con ellos
en el manejo de sus
góndolas.

Discretos amigos que guían al turista
en el laberinto de canales.

Recordando esta
antigua leyenda
le regalaré una góndola...

... para construirla utilizaremos esta hoja de papel cuadrada.

Marcamos la diagonal,
doblamos estas dos esquinas hacia el centro...

... plegamos una vez más

hasta conseguir esta figura ...

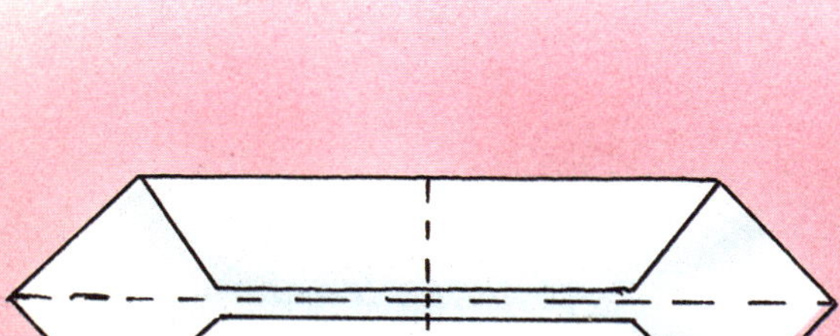

... que doblamos por la mitad.

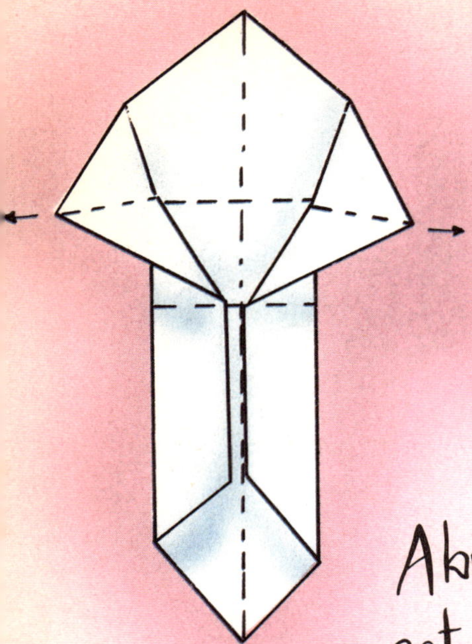

Abrimos, y doblando
estas puntas hacia afuera ...

... cerramos así la figura.

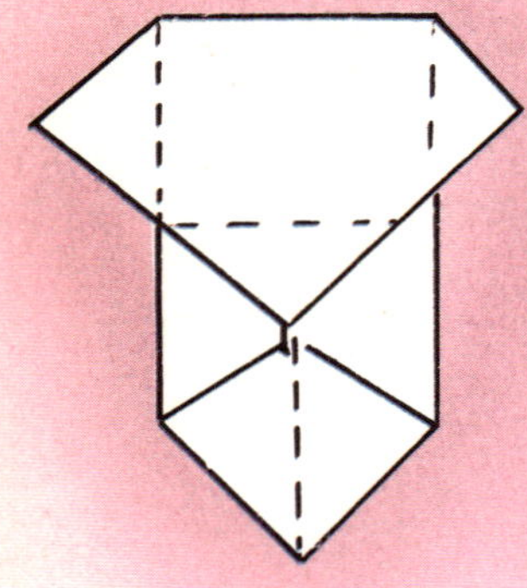

¡Perfecto!

Estas tres esquinas
las doblamos hacia el centro...

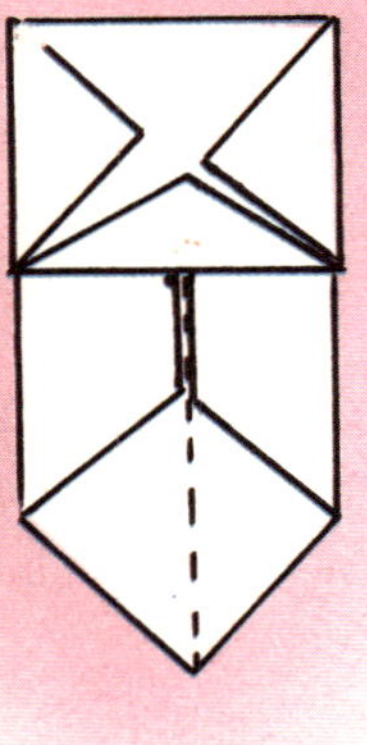

Hacemos este nuevo pliegue,

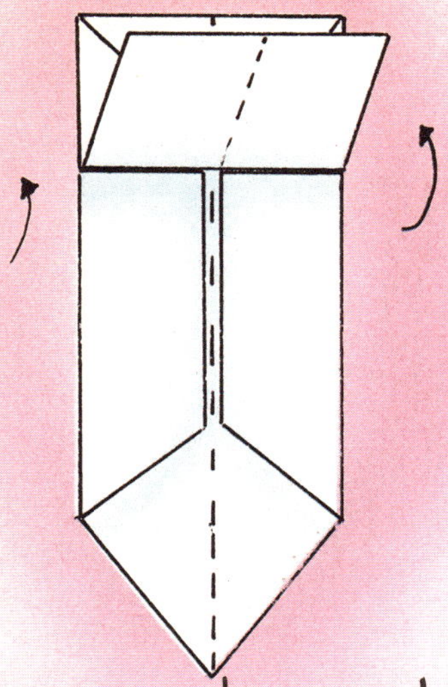

giramos la figura ...

y repetimos la misma operación con el otro lado...

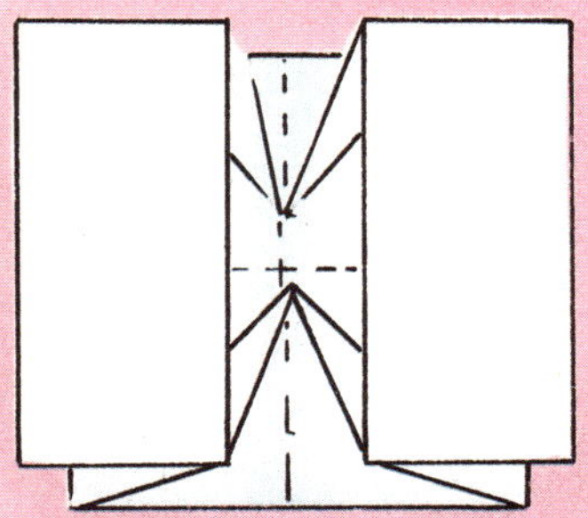

...hasta conseguir...

¡Sorpresa!

Esta preciosa cajita.

Pero, sigamos ...

... doblamos estos dos lados hacia el centro ...

... y hacemos lo mismo en la otra cara.

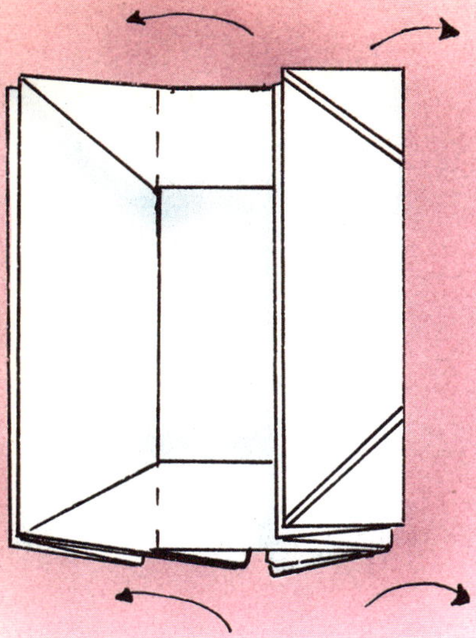

Volvemos a la primera cara y abrimos así la figura apretando bien las puntas del medio hacia afuera.

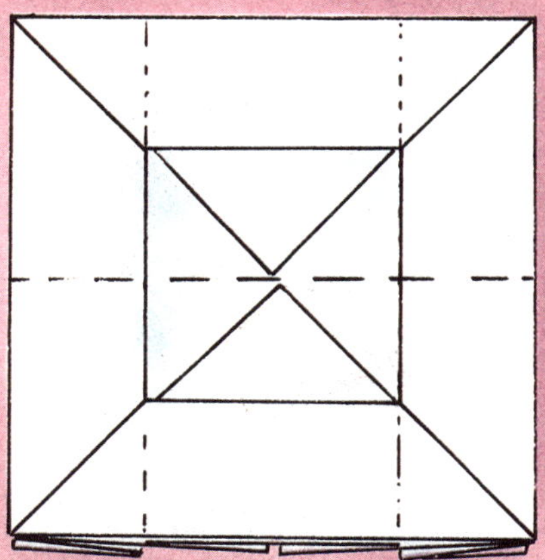

Obtendremos esta figura...

...que doblaremos por la mitad... y hacia atrás siguiendo la línea marcada.

¡Bueno! Tampoco ha sido tan difícil...

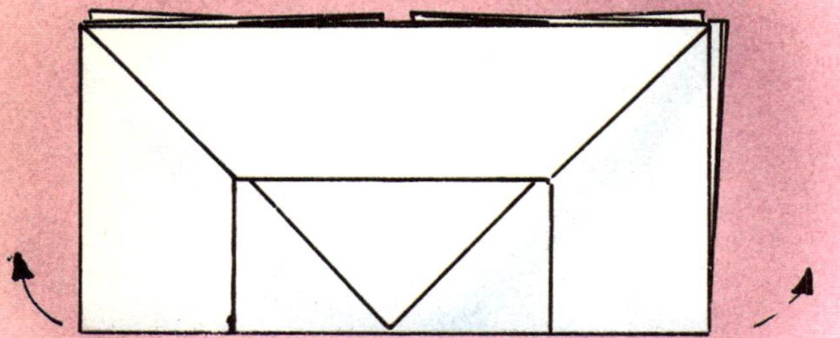

Tiramos, con mucho cuidado, por estos lados ...

... y ya ... casi ...

... casi hemos terminado.

Sólo nos falta levantar las partes salientes de esta figura...

...y tendremos una góndola...

...digna del mejor barquero Veneciano.

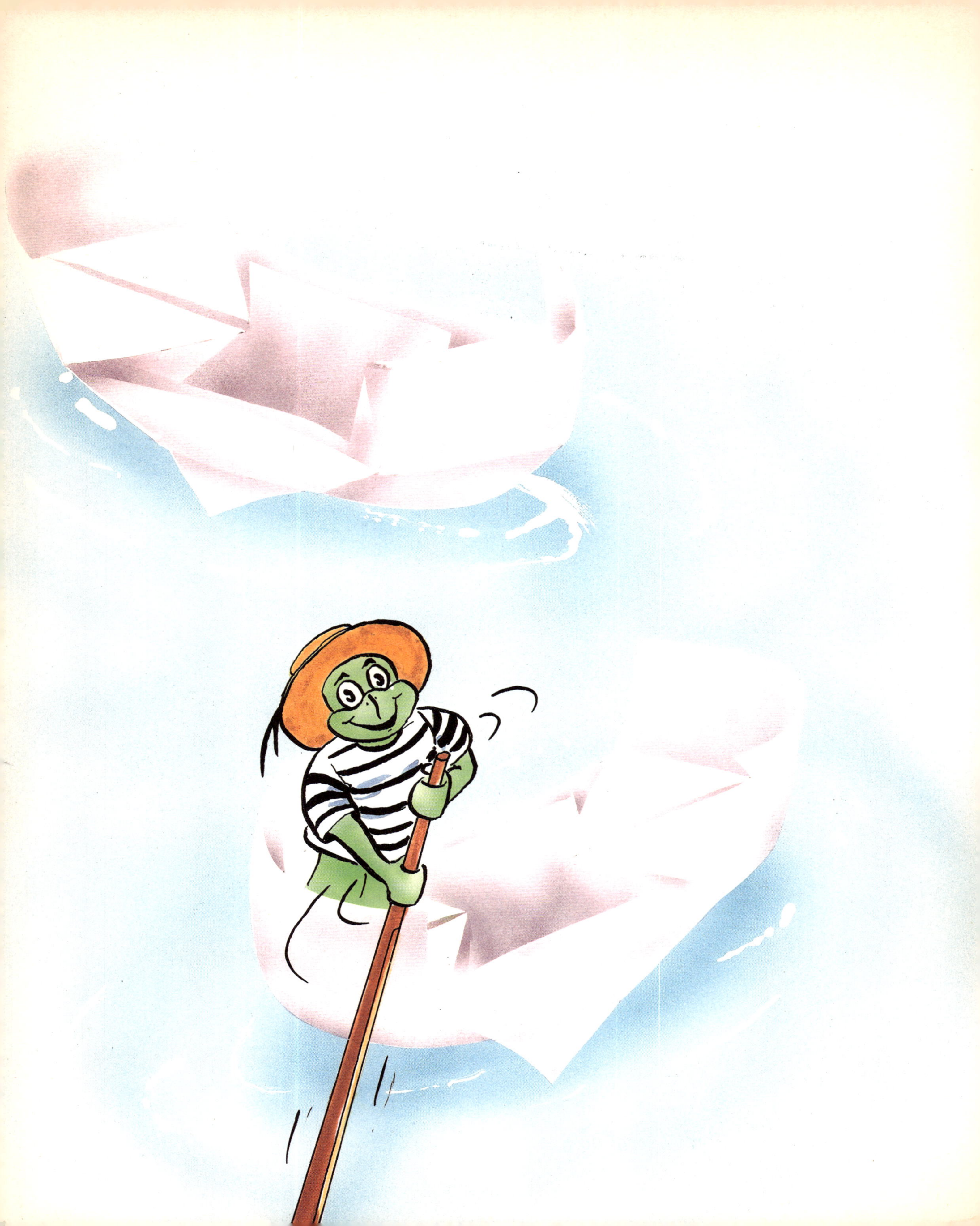